ORAISON FUNEBRE

DE

CHARLES EMMANUEL

ROI DE SARDAIGNE

ET DUC DE SAVOYE.

Prononcée à Chambery le 17 Mars 1773 par
M*** Vicaire de la Paroisse de St.....

à Chambery,

Chez Antoine Gombaut, Imprimeur du Sénat
1773.

Univerfus Juda & Jerufalem luxerunt eum. Tout Juda & Jerufalem le pleurerent. *Paralip L. 2. ch. 35. v. 24.*

PARMI les victimes que la mort frappe fous nos yeux, froids fpectateurs du cours de la nature, nous n'en fommes pour l'ordinaire affligés que pour elles : mais il en eft dont la chûte laiffe un vuide immenfe, & qui nous affligent pour nous-mêmes. C'eft l'Ange exterminateur qui vient dans fon paffage de toucher le feuil de nos maifons, & chacun de nous vient d'être frappé dans fon propre fein. Telle étoit l'affliction d'Ifraël à la perte de quelques-uns de fes Princes, & à celle du faint Roi Jofias, tout Juda & tout Jerufalem furent en pleurs. *Univerfus Juda & Jerufalem luxerunt eum.* Si telle fut autrefois leur douleur, telle eft aujourd'hui la nôtre ; car la mort, en nous enlevant CHARLES-EMMANUEL ROI DE SARDAIGNE ET DUC DE SAVOYE, n'a point frappé un Prince qui n'eft Roi que du lieu qu'il habite & des courtifans qui l'environnent ; c'eft le Roi de toutes les parties de fon Royaume & de tous fes fujets fans diftinction. Ce n'eft donc pas le deuil d'une feule famille, d'une feule cité, c'eft le deuil de tout l'empire & de tout le peuple, car

A 2

tout

tout le peuple & tout l'empire l'ont pleuré *Universus Juda*, *&c.* C'est donc dans les hameaux les plus obscurs, au milieu de ses pauvres habitans, bien plus encore que dans les capitales, au milieu des grands du monde qu'un ministre de l'Evangile doit élever sa voix pour célébrer un bon Prince. C'est au milieu de l'assemblée du peuple qu'il faut lui rendre hommage, s'il a rempli la vocation d'un grand Roi, s'il a combattu avec le courage de David, s'il a jugé avec la sagesse de Salomon. C'est du milieu de la multitude que doit s'élever le glorieux témoignage qu'il a été vraiment Roi dans la guerre comme dans la páix, dans les cités & les campagnes, comme au milieu de sa cour. Vous entendez souvent, M. F., les Ministres de l'Evangile faire retentir cette chaire des louanges des *Saints* qui ont édifié le monde, ils doivent aussi vous parler des Rois qui l'ont rendu heureux & qui l'ont sanctifié. Car ce sont encore les Princes qui font les saints, en faisant régner la justice & la Religion. Laissons aux grandes villes & aux cours la pompe des discours, l'appareil & la magnificence des cérémonies, toute cette science enfin des honneurs funébres, vaine image au milieu du Christianisme des grandeurs humaines, reste profane encore de ces funérailles du paganisme où tout étoit réglé d'avance jusqu'aux larmes même qui devoient s'y répandre. Pour moi dans une simplicité plus digne & du Prince & de l'Evangile, je viens me présenter avec mon seul sujet. Je

viens

viens m'entretenir avec vous, & vous com-
muniquer quelques réflexions à mesure qu'elles
partiront de mon cœur.

Pour ne pas abuser par des détails étrangers d'un temps déjà trop court pour ses vertus, j'abandonne aux historiens le triste soin
de prouver que le Roi de Sardaigne est aussi
un des plus nobles gentilshommes qui regnent
en Europe. Pardonnez-moi, Messieurs, cette
expression familiere à un des plus illustres
Monarques de la France qui s'honoroit tant
de n'être que le premier de sa noblesse. Il
est grand pour la religion comme pour l'humanité de bannir les titres empruntés pour
n'admettre que les titres légitimes de nos hommages. Je vous avoue même, M. F., que parmi les fantômes que l'imagination se plaît à
former dans la composition de mes héros, je
leur refuserois des aïeux & une naissance illustre, afin que les obstacles & les préjugés
vaincus d'une naissance obscure vinssent ajouter encore au triomphe de leur Etre.

Mais sans vouloir illustrer la Maison de Savoye d'une origine qui se perd dans les nuages
de l'antiquité, je suis cependant obligé de vous
en parler pour les droits sacrés de la vérité.
Son histoire ne nous présente l'ancienneté de
son origine que comme l'ancienneté de sa
gloire. Compter le nombre des aïeux, c'est
ici compter le nombre des grands hommes.
Dans une longue succession, l'histoire de tous
se lit avec intérêt, celle de plusieurs avec
admiration. Cet Etat foible dans son prin-

 cipe

cipe s'est développé à chaque siécle & sous chaque regne. Ces Princes resserrés dans nos montagnes ont aggrandi leur berceau, sont descendus dans la plaine, tantôt ennemis, tantôt alliés des grandes puissances, ou médiateurs entr'elles, ils ont été utilement de toutes les guerres & de tous les traités. L'exemple des ancêtres, la puissance des ennemis, la jalousie des voisins leur imposoient l'obligation d'être de grands hommes : Et les grandes villes & la saine administration passoient pour ainsi dire de prince en prince avec son héritage. Vous l'avez vu, Messieurs, & Victor, ce Guerrier, ce Politique cité parmi les héros du siécle, en cédant sa couronne à son fils ne lui transmit-il pas & ses états & ses talens ? Mais quel nom viens-je de prononcer ! Pourquoi flétrir Charles dès le commencement de sa carriere, & vous rappeller ce qu'un long regne vous a fait peut-être oublier : c'est qu'il est de la dignité de la chaire de vous dénoncer les coupables les plus illustres, & c'est alors que les Ministres de l'Evangile doivent se mettre à la tête des accusateurs. A Dieu ne plaise, M. F., que nous veuillions voir ici autrement que le commun des fidèles. C'est à un tribunal bien solemnel que nous le jugerons, & le Politique n'aura d'autres loix que celles de la nature. Qu'à la voix de la puissance paternelle, la plus puissante sans doute, Charles respectueux dépositaire descende du Trône, & remette le Sceptre à la main qui le lui confia. Ah ! si

l'ambition

l'ambition feule de commander a fait taire les droits les plus facrés, nous le condamnons au nom de Dieu & de fon Evangile , & nous n'avons de reffource pour lui que dans le fein qui reçut tant de fois David humilié & repentant. C'eft à vous , ô mon Dieu , que nous avons recours , & nous vous offrons aujourd'hui pour Charles les vertus éclatantes de fon long regne , fon amour pour fon peuple , fon zèle pour votre fainte Loi , fa pénitence & fes remords fécrets, nos prieres, nos vœux & le fang enfin de l'agneau qui coule fur nos autels.

Voilà comme les Maîtres du monde feront eux-mêmes jugés par les hommes...... Mais le feront-ils ainfi par Dieu ? Excufez, M. F. , entraîné par le torrent , j'ai ufurpé les droits de la Divinité en fondant les cœurs & les reins. Ah ! puifque cette vie mortelle eft un féjour d'illufion & d'erreur, que ce n'eft point parmi les vivants , mais parmi les morts que l'on découvre la vérité, abandonnons au grand Scrutateur des cœurs ces actions équivoques que le motif feul rend héroïques ou criminelles. Mais vous vous rappellez les noms illuftres de ces fideles ferviteurs de Charles qui avoient encore été pendant le regne de Victor fes plus zélés miniftres : Interrogez - les , pourquoi ils arrêtent le Fils, qui, conduit par la nature feule va dépofer aux pieds de fon Pere fon fceptre & fa couronne. Ils vous répondent que tous les hommes font à Dieu , mais

 que

que tous les Rois font aux hommes, & que le Royaume de Juda ne doit pas être le jouet de l'inconstance, & que si renoncer au Trône est le fruit d'un profond détachement, le retour aux grandeurs ne vient pas du zèle du Seigneur, quand il n'y a ni désordre à réprimer, ni crime à prévenir; Ils vous avertissent encore d'interpréter le début de son regne par le regne tout entier, & de voir si l'avenir n'explique pas le passé. Voyons donc, M. F., si la Providence s'est expliquée, si elle a fait assez voir que si Charles étoit criminel devant les hommes, il étoit agréable devant Dieu. Examinez si le Ciel a confirmé sa puissance souveraine, s'il n'a pas mérité sa protection puisqu'elle ne lui manqua jamais. Si le Dieu des armées & le Dieu de force, si le Dieu de conseil, de justice, de prudence l'abandonna quelquefois à sa propre foiblesse pour punir le premier crime de son regne, & s'il ne peut pas dire pendant tout le cours de sa longue vie ce que David ne disoit que dans l'éclat de sa vertu. *Et cognovit David quoniam confirmasset eum Dominus regem super Israël; & quoniam exaltasset regnum ejus super populum suum Israël.* ch. 2. Reg. v. 12.

A peine étoit-il sur le Trône que la guerre s'allume, les orages se forment au loin, & cependant le nord enflamme le midi. Alors les puissances s'allient, elles ambitionnent toutes de s'unir à la Savoye qui par la nature de sa position sera toujours en Italie l'arbitre de de la victoire. La France & l'Espagne fieres

de

de la préférence, voient arriver notre Roi qui vient joindre nos drapeaux aux leurs. Car il ne confia qu'à lui le commandement de son armée. Si la qualité de guerrier paroît être la premiere des Rois, si parmi les nations policées le champ de Mars fut autrefois l'école des chefs comme parmi les sauvages, où les institutions font le moins déguisées, c'est le plus courageux qui est le plus digne de commander. Un Prince doit donc toujours être à la tête de son peuple, autrement il se dépouille d'une partie de lui-même, & renonce à la noble origine des Rois. Charles fut digne de la sienne : Voyez-le à la tête de son armée, & voyez sa présence doubler ses forces. Lui seul peut avoir cet amour qui ménage la vie de ses soldats, & c'est aussi pour lui seul qu'ils réservent cet enthousiasme qui les en rendroit prodigues. Car un Général ne compte que les hommes qu'on lui donne, & le Prince calcule ce qu'ils lui coûtent. L'un ne voit que des Soldats & ne les voit encore que dans un moment, l'autre voit des sujets & il les voit dans la suite d'années qui les ont vu naître & croître. Il s'afflige de la perte d'un seul homme exposé légérement, pendant que le Mercenaire ne voit que lui seul, sacrifie tout à sa gloire, & que tous les lauriers tentent son ambition quelqu'ensanglantés qu'ils soient.

Un autre grand avantage dont nos armées ont joui en combattant sous les yeux du Roi, c'est que ses regards seuls dissipoient le trouble

&

& la difcorde. La paix régnoit dans nos camps, & nous n'étions en guerre qu'avec nos enne- mis. Tant de bras armés n'avoient qu'un même efprit & un même courage, & une armée nombreufe n'étoit pour ainfi dire qu'un feul combattant, *egreffi funt quafi vir unus*. Car la guerre n'a-t-elle pas affez d'horreurs fans les multiplier encore : & fi les gémiffemens des victimes vous apprenoient qu'elles ont fuccombé par l'ambition & la trahifon des chefs & non par le fort des armes & les hazards de la Victoire, qui ne reculeroit épou- vanté qu'une ame affez atroce eût ofé calcu- ler froidement la perte d'un rival par la défaite de fon armée, & par la mort d'une foule d'innocens concitoyens ? Ah ! Sei- gneur que leur gloire paffagere foit même leur éternelle ignominie dans la poftérité ; imprimez fur ces lâches affaffins de leurs freres comme fur le meurtrier d'Abel, un caractere ineffaçable de réprobation, & que notre amour pour les hommes, puifqu'ils font votre ouvrage, excufe cette imprécation. Mais arri- vés aux pieds de votre Trône, puiffe votre juftice ne trouver en enfer ni affez de tortures, ni affez de fupplices pour ces monftres enne- mis de l'humanité.

On n'eut jamais de femblables maux à re- douter dans nos armées, la préfence du Roi infpire plus d'ardeur aux foldats, plus d'é- mulation aux chefs ; mais avec une fubordi- nation invariable dans tous les ordres, fa préfence encourage aux entreprifes hazar- deufes,

deufes, & parce qu'on combat fous fes yeux, on triomphe, ou on meurt. Voilà les avantages que les Rois produifent à la tête de leurs armées par le feul poids pour ainfi dire de la Majefté. Mais quand ces Rois font encore des héros, voici ce que Charles nous a appris qu'ils peuvent faire. Après que les armées alliées fe font jointes dans la Lombardie, il s'avance vers Pavie, & Pavie, après une vaine réfiftance ouvre fes portes. Milan fuivra fon exemple, & fon château qui tant de fois a été fa fûreté & l'écueil de fes ennemis, demandera promptement à fe rendre. Toutes les Villes attaquées feront bientôt des Villes foumifes. Les pofitions & les marches préparent les actions générales & décifives. Déjà les François ont triomphé à Parme ; mais c'étoit à Guaftalla qu'il étoit réfervé au Roi de confommer la Victoire & la Guerre. Ne l'imputez pas, Meffieurs, à la timidité d'un miniftère pacifique, mais bien aux doux fentimens de la nature & de la religion, fi nous fuyons les détails fanglans des combats. Les ennemis furent vaincus, & les alliés admirerent dans le Roi, le Capitaine & le Soldat. Voilà toute la relation que nous vous devons, & j'aime mieux vous le peindre après la Victoire dans les fonctions de la Juftice, récompenfant toutes les actions glorieufes, ou bien dans les fonctions d'une tendre humanité, qui vole au fecours des bleffés & au foulagement des mourans.

Que le monde admire les lauriers cueillis

dans

dans les batailles ; pour nous, nous les re-
doutons. Qu'il fe peigne fes héros comme
des lions rugiffans, & qu'il aime à les fuivre
dans le feu des combats ; nous aimons mieux
les voir avant ces combats en préparer le
fuccès, & attirer fur leurs armes les bénédictions du ciel. C'eft aux grands Capitaines
à préparer les armées les plus redoutables,
& elles doivent fortir de leurs mains pour
ainfi dire toutes victorieufes. Pour la vraie
bafe des Triomphes & de la gloire, c'eft dans
la difcipline que notre Prince l'avoit pofée.
Fidele imitateur de l'antiquité, il fçavoit
qu'aguerrir le Soldat aux temps, aux faifons,
aux befoins, & aux travaux pénibles, c'eft
le multiplier, c'eft le rendre comme impaf-
fible, pendant que l'armée la plus nombreufe
fans difcipline, fe détruit fans combattre.
Après ces premiers degrés viennent les regles
de l'attaque & de la défenfe, l'art des évolu-
tions & des exercices, qui fait de toute une
armée, un corps fouple & flexible ; mais le
point le plus effentiel de la difcipline, c'eft
de faire briller, même au milieu du tumulte
des armes, les vertus tranquilles de la paix.
Voilà cette Science que le Miniftre de l'Evangile peut revendiquer, & que j'appellerai
d'une manière plus particuliere la difcipline
chrétienne des armées.

Ce n'eft fans doute que parmi les Barbares
qu'on trouvera les maux de la guerre en
être & le fruit & le but. Parmi eux feuls,
l'on peut voir des chefs combiner pour leur

fortune,

fortune, un système de ravage & de désola-
tion, une armée se livrer à leur exemple à
la licence, & tous se charger avidement des
dépouilles profanes & sacrées. Ce ne sont
point de généreux soldats qui combattent
pour la gloire & le salut de leur pays ; ce sont
des Brigands sans patrie, armés sans distinc-
tion contre l'honneur & les biens, & qui
sont également funestes au pays qu'ils atta-
quent & à celui qu'ils défendent. Ah ! si jamais
ce siecle a pu fournir de pareilles armées,
qu'elles soient dégradées de l'auguste titre de
nations chrétiennes & même de nations policées. Ce n'est point elles que le Seigneur appelle, quand il prend le nom de Dieu des armées. *Vivit Dominus exercituum.* Il est vraiment à la tête des nôtres, & elles marchent
sous ses étendarts, puisque le Prince y sçait
faire régner cette discipline que l'apôtre recom-
mandoit aux gens de guerre : *ne frappez, ne
concussionnez personne, & soyez contens de votre
Solde.* Gloire soit à jamais à notre nation
& à son illustre Souverain ; car nos soldats
n'ont jamais connu d'autres ennemis que les
soldats, & dans leurs cœurs ont toujours été
gravées ces belles paroles du célebre du Gues-
clin : » mes amis, souvenez-vous qu'en aucun
» temps & en aucun pays, les prêtres, les
» femmes, les enfans, & le pauvre peuple
» ne sont jamais vos ennemis « C'est bien alors,
M. F., que nous pouvions nous glorifier que
le Dieu des armées présidoit à nos combats,
& venoit couronner le front de nos guerriers.

Aussi

'Auffi Charles après les travaux de cette guerre vit-il arriver une paix glorieufe qui recula les frontieres de fes Etats.

Que cette paix fut de courte durée ! En vain voulut-il la rendre durable, il fallut qu'il reprît les armes, puifque la balance de l'Italie eft entre fes mains. La difcorde vint agiter de nouveau tous les Souverains de l'Europe, & changer tous les intérêts. Les anciens alliés deviennent ennemis, & les anciens ennemis deviennent alliés. La France qui avoit combattu avec la Savoye combattit contre elle, & la Savoye qui dans la premiere guerre avoit ménagé à la France fes fuccès, fut dans celle-ci la principale caufe de fes défaftres. Inutilement la fortune parut-elle lui accorder les premiers triomphes, les Alpes, ces hautes citadelles du monde, s'applaniffent devant elle. Les marches font trop lentes, les fiéges font trop longs pour des François, ils franchiffent & prennent tout d'affaut. Mais les plaines de Plaifance furent bientôt le terme de leur fortune, & c'eft un chef-d'œuvre de l'art Militaire que la retraite qui fauvera les débris de leurs armées. Ils virent dans leur fuite qu'il n'appartient qu'à Charles de rendre folide en Italie les fuccès les plus brillans. C'étoit toujours en lui la même fcience des combinaifons, la même prudence dans les confeils, & la même intrépidité dans l'attaque & la défenfe, & trop fans doute puifqu'il expofoit quelquefois témérairement fa perfonne. Mais pour donner

ner une idée de ses victoires, il faut le prendre dans ses revers mêmes. Vous vous rappellez tous, Messieurs, Coni... assiégé par
les François & les Espagnols, le Roi les
attaque dans leurs lignes. Jamais entreprise
ne fut conduite avec plus d'avantage pour
lui, & plus de dangers pour eux : Leur défaite devoit être complette, cependant la
fortune leur donna la Victoire..... Mais
quelle Victoire ! elle leur valut le triste loisir
de considérer sur le champ de bataille la
foule de leurs morts. Le siége fut levé, &
l'armée victorieuse rentra bientôt en France
pour y réparer ses pertes.

Il est inutile de vous parler davantage de
siéges & de combats, d'ennemis chassés de nos
frontieres & poursuivis jusques dans leurs foyers.
Nous en avons été les témoins, ou bien nos
Peres nous en entretiennent tous les jours. Laissons les étrangers s'instruire de ces campagnes
fameuses, laissons les guerriers les admirer
selon toutes les regles de l'art ; pour nous
admirons-les par les succès, par la considéra-
tion de la nation, par la gloire du Roi, par
les nouvelles possessions ajoutées aux ancien-
nes, & par la paix enfin, l'heureuse paix qui
descendue du ciel s'est assise sur le Trône
pour y régner à jamais. En vain l'Europe a
retenti du bruit des armes, Charles mépri-
sant d'ajouter de nouveaux lauriers à sa couronne, ne s'est point laissé éblouir par des
pensées ambitieuses, & même quand les nations
lassées de leur guerre ont entendu la voix

d'un

d'un Roi pacifique , une partie de l'Europe a reçu de fes mains le calme & le repos dont elle jouit.

Si la renommée publie rapidement la gloire des combats , la gloire de la paix , quoique plus lente , eft encore plus durable. La fageffe de Salomon eft publiée dans l'univers & lui attire des hommages de l'extrémité de l'Orient. Les guerres font les plaies & les maladies du monde , & les nations périffent lentement de leur fuite. Mais comme nous n'avions combattu que pour la paix , que l'efprit de juftice & de prudence avoit exercé nos forces fans les épuifer , après l'orage le calme & le bonheur fe firent fentir en même-temps. Que de héros dans les combats ! mais c'eft de retour dans leur palais qu'il eft trifte de les connoître , & qu'il eft glorieux pour nous de vous montrer notre Souverain. N'attendez pas , M. F., des idées profondes & des plans fur le gouvernement : l'Evangile ne nous donne pas de fyftêmes , mais des vertus & des mœurs , & c'eft tout nous donner ; car il prefcrit des devoirs au Prince & au Sujet ; que ces devoirs foient obfervés , & toutes les différentes légiflations ne feront que différentes manieres d'être heureux. Jugeons les vertus pacifiques comme nous avons fait les guerriers, laiffons les caufes & voyons les effets, le pays le plus heureux fera le mieux gouverné, & fans vouloir tracer aux aigles leur route dans l'immenfité des airs ,

je

je prétens aujourd'hui vous révéler le myftère impénétrable des Cours.

La politique n'eft une fcience & profonde & fublime que dans les empires en défordre. Elle eft toute fimple à Turin. Le Prince en a dévoilé le fecret. Ayons des Rois l'idée qu'il en avoit ; placés au-deffus de leurs fujets pour leurs fujets feuls , ils leur doivent la guerre pour la fûreté , & la paix pour le bonheur. Voilà fes maximes qui plus développées nous ont fait connoître que quand il eft en paix avec fes voifins , le peuple ne doit pas fe croire en guerre par le poids éternel des impôts ; que fi le laboureur feme , il doit aufli moiffonner ; qu'il faut protéger & encourager l'induftrie, faire bénir aux Meres leur fécondité, faire refpecter les Loix , & affurer leur regne par celui des mœurs. Voilà la Politique de Charles , & toute autre fcience avec fes profondeurs , n'étoit, felon lui, qu'un mot inventé pour ne pas donner aux crimes le nom qui leur convient. » Donnez-nous un Roi qui nous juge , *da nobis Regem , ut judicet nos* , 1. Reg. ch. 8. v. 20. difoient autrefois les Ifraélites. Dieu nous l'envoya dans fa bonté ; & qui jamais remplit mieux cette augufte fonction de juge ? Ses prédéceffeurs avoient fait des loix, mais elles étoient éparfes ; il les raffemble , ajoute les fiennes & les publie dans fes Etats : il a mis le Livre de la Loi entre nos mains, il nous eft facile de nous juger nous-mêmes , car les Magiftrats n'avoient pas le droit de faire des

Loix, en s'arrogeant le droit de les interpréter, & quand elles n'étoient pas assez conçues, Charles, comme le souverain Magistrat de son Royaume, s'étoit réservé le privilége de se faire mieux entendre.

Mais la clarté des Loix, l'uniformité de la Justice, ne font rien sans la célérité. Les Juges prévaricateurs par lenteur comme par corruption étoient également punis. La Justice étoit universelle & populaire ; son temple souvent ailleurs inaccessible au malheureux sans appui, & l'asyle de l'oppresseur riche & puissant étoit plus particulierement ouvert aux pupilles, aux veuves & aux pauvres ; ils y trouvoient des défenseurs consacrés à élever la voix pour leur défense, & des Juges redoublant alors de célérité & de désintéressément. Nos personnes n'étoient pas moins respectées que nos biens, & les emprisonnemens légers ou injustes ; les accusations, & les détentions sans preuve étoient encore inconnues parmi nous. Nous respirons en effet avec une liberté qui indique bien la mutuelle confiance du Maître & des Sujets. Cette heureuse sécurité pourroit-elle se goûter sous le joug de l'oppression pour qui tous les opprimés font dèslors suspects & coupables ? L'expression naturelle de leurs maux, le sentiment intime & profond de leur misere, est à ses yeux un mouvement & un cri de sédition. Sans cesse inquiete & alarmée, les écrits les plus innocens, les paroles vagues font des systêmes dangereux ou des crimes clairs. La peinture la
plus

plus générale des vices, la description la plus
naïve des vertus & du bonheur lui paroissent
des allusions, ou des censures directes ; si l'on
parle on est criminel, si l'on se tait l'on n'est
innocent ; les pensées secrettes sont encore
recherchées par la défiance, & les soupçons...
& les soupçons suffisent. Au lieu de se reposer,
la tyrannie après avoir tout flétri & ôté à
toutes les ames leurs ressorts, aime bien mieux
le leur supposer toujours, pour toujours con-
server le droit de soupçonner & de punir.

Les regards paternels du Prince se portoient
jusque sur les lieux d'où la pitié paroît ban-
nie, & les prisons n'étoient pas des lieux de
supplice, mais d'attente & de jugement : ceux
même qui avoient violé par quelque crime la
majesté des loix n'y périssoient pas d'avance
dans la misere & les ténébres avant que les
loix les eussent solemnellement frappés ; & le
désespoir étoit banni de ces lieux, parce qu'on
étoit sûr de ne mourir qu'une fois. Malheureux
enfin, ou criminels même, à mesure que la
terre s'armoit contr'eux, le ciel venoit à leur
secours, & nous allions exercer parmi eux
un ministere qui ne fut jamais ni plus respectable ni plus nécessaire, & nous leur portions
les secours de l'Eglise avec une égale consola-
tion pour eux comme pour nous.

Ce n'est pas assez, M. F., que nos biens
& nos personnes soient assurées entre nous ;
il ne nous suffit pas de nous respecter mutuel-
lement, & que le laboureur n'ait pas son voi-
sin à craindre, il faut encore qu'il n'ait pas

 son

fon Prince à redouter : & qui jamais nous refpecta plus que notre équitable Monarque ? Dans toutes fes loix fa volonté feule arbitraire, irrévocable, irréfiftible s'eft-elle fait entendre ? n'a-t-il pas au contraire toujours regardé comme inviolables & facrés les priviléges de nos communes, les titres anciens, les poffeffions légitimes & immémoriales ? Ah ! rendons hommage à fon ame, il n'étoit pas de ces hommes qui n'euffent protégé la vigne de Naboth que pour l'envahir enfuite plus entiere, tels que ces monftres des forêts qui ne défendent leur proie contre les autres animaux que pour être feuls à la déchirer.

Nous fçavons tous, M. F., que le Prince chargé de veiller à notre défenfe a des droits naturels à notre reconnoiffance. Mais Charles ne vouloit recevoir de nous que la partie de nos biens néceffaire pour affurer la paifible poffeffion du refte. Il ne demandoit à la terre qu'à raifon de fa fécondité : l'évaluation des forces régloit toujours celle des impofitions le plus également réparties & le plus facilement perçues; chacun de nous portoit pour ainfi dire lui-même fon hommage, & voyoit avec joie Céfar recevoir de fes propres mains le tribut qui lui étoit dû : trop jufte, trop ami de l'humanité pour interpofer entre lui & fon peuple une armée de brigands qui n'euffent fait qu'intercepter nos juftes contributions, & détourner les torrens qui vont fe décharger dans le tréfor public. Au lieu de la douleur de voir nos dépouilles en des

mains

mains étrangeres , au lieu du ſcandale de ces
fortunes immenſes accumulées dans les ſour-
ces publiques , la veuve étoit ſûre de voir
même ſon denier arriver juſqu'aux pieds du
Trône. Mais ſi quelquefois le Ciel refuſoit
ſa roſée , & ſi la terre fermoit ſon ſein , on
ne nous puniſſoit pas de ſa ſtérilité. On ne
voyoit pas dans le ſein de la paix l'image de
la guerre la plus affreuſe , des barbares répandus dans nos campagnes pour enlever au
laboureur l'inſtrument de ſes travaux , & ar-
racher à la mere éplorée le lit où repoſent ſes
enfans. Jamais on n'entendit les ſatellites ſans
pitié de Pharaon nous dire comme autrefois
au Peuple de Dieu , » allez & moiſſonnez com-
» me vous pourrez, on ne diminuera rien de
» votre fardeau ; *ite & colligite ubi poteritis ,*
» *nec minuetur quidquam de opere veſtro.* Exode
ch. 5. Ah ! c'eſt alors que Charles comme le
ſage Joſeph ayant dans les années d'abondance prévu les années de ſtérilité, diſtribuoit à
l'Egypte les ſecours qu'une prévoyante économie lui avoit ménagés.

Ainſi nous étions toujours ſûrs de le trouver dans nos beſoins; il ne ſuffiſoit pas même
à ſon cœur que ſon peuple ne pérît pas , faute
des premiers coups, ſon ambition étoit encore
de lui procurer l'abondance. Il s'occupoit
de donner à la terre plus de citoyens , &
aux citoyens par - là plus de productions de
la terre. Jamais on n'étoit aſſez pauvre pour
craindre une union légitime & une heureuſe
fécondité , les Bénédictions du Ciel , les ré-

B 3 compenſes

compenfes du Prince en étoient le prix , & les générations nombreufes enrichiffoient les peres de famille. La terre en voyant augmenter fes habitans , ne voyoit pas non plus diminuer fes cultivateurs , & fous prétexte de la défendre , on ne lui enlevoit pas une jeuneffe vigoureufe pour ne lui laiffer que le rebut de l'efpece. Il faut fans doute des foldats , & Charles dans fes guerres n'en a-t-il pas montré à fes ennemis ? Mais éloigné des fyftêmes & des nouveautés dangereufes , il n'avoit que les vues faines des plus fages légiflations de l'antiquité. Il n'adopta pas une conftitution purement militaire , qui ne peut être que momentanée. Il abandonna aux nations légeres à chercher des fupplémens à l'impéritie de leurs Capitaines , & il méprifoit cette tactique mécanique, qui ne dirigeant que le corps des foldats & paroiffant pouvoir fe paffer de leur ame , prépare fûrement des transfuges ou des lâches.

Il fçavoit que le citoyen Romain étoit foldat & laboureur , que ces grandes armées raffemblées dans la paix deviennent étrangeres dans leur propre pays , & n'ont tout au plus que l'amour du corps , bien inférieur à celui des foyers. Content d'un certain nombre de vieilles bandes , il comptoit également fur une milice citoyenne , qui répandue dans les campagnes , viendroit au premier fignal joindre fes intérêts à ceux du Prince. Béni foit à jamais ce Prince , pour avoir rendu à fon peuple la juftice de croire qu'un citoyen

laborieux

laborieux & actif, animé du double amour de la Patrie & du Roi, feroit bientôt, fous un chef comme lui, un foldat aguerri & intrépide.

Après avoir porté fes regards fur les champs & leurs habitans, il les portoit auffi fur les Villes. Une partie de fes fujets vit dans les campagnes, & du travail de fon corps; une autre vit dans les Villes, & pour ainfi dire des facultés de fon ame. Il faut donc enchaîner les befoins, rendre les êtres dépendans, établir une communication univerfelle. Et c'eft dans cet art qu'il falloit l'admirer, foit dans fes réglemens par la circulation intérieure, foit dans l'encouragement de l'induftrie & du commerce; lorfqu'il cherchoit à nous ouvrir les mers, ou que par de fages prohibitions, nos productions devenues néceffaires à nos voifins, & nous fuffifant à nousmêmes, ils n'euffent en échange à nous donner que leur or.

Si les vallées & les plaines fécondes ont des Rois, les déferts & les montagnes ftériles font-ils faits pour en avoir? oui fans doute, le Berceau de fes peres lui étoit auffi cher que leurs conquêtes, & l'aride Savoye n'étoit pas moins de fon Royaume que la fertile Lombardie. N'avons-nous pas tous les mêmes loix, & la même juftice? Citezmoi parmi vous un homme qui ait mérité d'être diftingué, & qui ne l'ait pas été. Que la foule obfcure & fans talent ceffe donc de fuppofer une injufte prédilection. Car s'il

 s'agit

s'agit de ces graces que le Prince verfe plus particuliérement autour de lui, je vais vous dire une vérité qui vous étonnera. C'eft que les habitans d'une terre fauvage ne doivent pas être trop accueillis fous un ciel plus heureux : dégoûtés alors des torrens qui fe précipitent de nos montagnes, & des rochers qui menacent nos têtes, nous irions tous ramper autour du Trône. Le Roi ne fut jamais que jufte, & un excès de bienfaifance nous auroit dépouillé de l'amour de la patrie, de ces vertus actives qu'on ne voit pas dans un climat moins févere, & qui nous donnent un caractere honorable parmi les autres nations ; je veux louer ma patrie même par ce qui l'avilit aux yeux de la multitude, mais l'éleve aux yeux des fages.

Ce n'eft pas parmi nous qu'on vit la cupidité faire voile vers les pôles du monde pour aller chercher les ornemens du luxe, les poifons de la fenfualité, & l'or enfin, cette ame de l'univers. Seulement quand la rigueur de la faifon fufpend notre activité elle prend une nouvelle forme. Répandus chez nos voifins avec les animaux même de nos montagnes, nous faifons chez eux une nouvelle moiffon. Ils croient voir des malheureux chaffés par la mifere ; ils le croient aifément, eux qui voient fouvent dans un pays plus abondant des émigrations fréquentes & durables. Mais aux premiers rayons du Soleil, nous les quittons, & le fage voit repartir une nation laborieufe, que l'induftrie & jamais l'indigence fait

fortir

fortir de chez elle pour aller vendre pendant l'hiver un tems inutile à fa patrie.

Après avoir vu Salomon dans fa fageffe, confidérons-le un peu dans fa magnificence. Allez à la Cour, defcendez à cette ville, qui a l'air d'un immenfe & fomptueux pa'ais, ce n'eft point la Capitale du Piémont, c'eft fans doute celle de toute l'Italie. Si ces édifices réguliers & magnifiques vous éblouiffent au premier coup d'œil, qu'ils ne vous affligent pas enfuite, quoiqu'ils paroiffent furpaffer les richeffes & les forces du Prince. Entrez dans fon Palais, & raffurez-vous en contemplant le maître qui l'habite, en voyant la fimplicité & la gravité de fa perfonne au milieu de l'éclat & des grandeurs. Vous apprendrez à connoître quel eft ce luxe honorable qui éleve l'ame loin de l'amollir, & que nous pouvons appeller le luxe public des villes & des nations. Vous le diftinguerez alors de ce luxe perfonnel & domeftique qui fe confume dans la profufion des tables, dans la recherche ignoble des commodités, dans la fcience ruineufe de la volupté, dans la foule d'efclaves fans office, & dans la diffipation d'un tréfor livré au pillage. C'eft vraiment là ce luxe que l'hiftoire nous peint comme le corrupteur des mœurs publiques, & le précurfeur de la décadence des empires; car pour les paffions nobles des établiffemens utiles, des monumens durables, elles ne font qu'immortalifer la grandeur des Nations & des Rois. Voilà la magnificence digne des grandes ames,

qui

qui étonne les voyageurs & leur exagere notre puiſſance.

Ce n'eſt pas qu'on eût jamais converti en pierre le pain du pauvre, & la ſubſiſtance du peuple, & comme ce fameux Roi d'Egypte qui faiſoit graver ſur tous ſes monumens qu'aucun Egyptien n'y avoit conſumé ſes forces, nous pouvons auſſi graver ſur les nôtres, que nos Princes ont trouvé des reſſources immenſes pour l'utilité publique & la magnificence nationale dans une économie héréditaire, qui n'engloutit pas des provinces entieres dans la diſſolution & les caprices des paſſions obſcures & paſſageres. O précieuſe vertu qui en établiſſant dans l'État l'ordre qui regne dans une famille, ſuffit à tous les beſoins, & remplit encore le Tréſor public ! Mais, avouons-le, M. F., l'or & l'argent n'étoient pas ſes ſeules richeſſes, l'honneur a encore une valeur parmi nous, il eſt la récompenſe des talens, & les dignités & les emplois importans ſont plutôt le chemin de la gloire que de la fortune. Ce n'eſt pas que quand il falloit être Roi, ſe montrer avec tout l'éclat de la Royauté à la foule qui veut être éblouie, ſon Trône ne fût entouré d'une Cour brillante & nombreuſe : mais Charles, rendu à lui-même, devenoit particulier, rentroit tranquillement dans le ſein de ſa famille ; & comme il étoit trop laborieux pour avoir le temps d'être voluptueux, les plaiſirs purs ſuffiſoient à ſon ame, & lui paroiſſoient toujours nouveaux. La ſimplicité & la frugalité même

ne

ne font pas feulement les vertus des fujets;
elles étoient felon lui encore plus celles des
Rois.

Souvent dépouillé du Diadême, il aimoit
à fe perdre dans la foule pour l'obferver : on
le trouvóit à la porte de fon palais, fur la
place publique fans cette fuite & ces gardes,
qui armés par la défiance font cependant
toujours impuiffans contre l'audace. Sa fûreté étoit dans le cœur de fes fujets; & comme la majefté & la dignité des Rois ne font
pas dans un cortege nombreux, elles réfidoient
fur fon front & dans fon ame. L'indigent
qui n'a que du pain à demander, peut-il jamais
ailleurs aller aborder les Rois ? C'eft un
objet trop trifte & trop importun, qu'il eft
bon d'éloigner : le Trône n'eft acceffible
qu'aux Grands qui ont des richeffes & des
honneurs à folliciter. Pour les vrais Rois,
pour le nôtre, qu'un de fes fujets eût voulu
le voir, il l'eût vu, non à travers des gardes
repouffans : qu'il eût même voulu lui parler, appeller à lui comme au fuprême Ma-
giftrat, toutes les portes du palais étoient toujours ouvertes. Moi-même, Pafteur obfcur,
qui né d'une baffe condition, n'ai parmi
vous que la confidération que mon miniftere
& votre piété me donnent, conduit par la
néceffité à Turin, je crus n'y être vu que de
Dieu feul, parce que tous les êtres lui font
égaux : mais placé fur le paffage du Roi,
comme s'il eût eu le nom de tous fes fujets
dans la mémoire, comme il les a dans le cœur,

il

il m'interroge, il m'infpire une confiance que je n'aurois pas avec les plus confidérables d'entre vous : Et après cet entretien, tout étonné de fa bonté & de mon affurance, je me vantai pour nous tous, que fi les autres nations ont des Rois que l'on voit, nous en avons un à qui l'on parle.

Il ne craignoit pas d'être avec les hommes, de converfer avec eux, foit dans fes travaux lorfqu'il s'afféyoit fur le Trône pour entendre Ifraël & le juger, foit dans le repos même; & au lieu de fe dérober aux regards, au lieu de fe cacher dans le fond de fon pa'ais pour y chercher une obfcure volupté, il aimoit à fe montrer, & un de fes délaffemens étoit dans les beaux jours de fe confondre avec fa famille au milieu de fon peuple dans les promenades publiques. Et c'eft effectivement moins les palais que la place publique qui eft le vrai domicile des Rois : auffi par-tout où on portoit fes pas, on le trouvoit, lui ou fon image. Allez dans la Ville, vous trouverez l'ordre & la difcipline; entrez dans les familles, vous y verrez régner l'harmonie, l'obfervation de la Loi & les Commandemens; pénétrez dans les temples, c'eft vraiment là que les jours de fêtes font des jours de repos, & méritent le nom de jour du Seigneur. Quoique jufqu'ici nous ne vous ayons parlé que force, confeils & fageffe humaine, vous aurez toujours reconnu la fageffe divine qui en étoit la fource augufte. *Nec in exercitu, nec in robore, fed in fpiritu meo, dicit Dominus exercituum.*

cituum. C'est à vous, ô Sainte Religion, qu'il faut en rendre hommage : jamais Prince ne sçut mieux, qu'elle seule peut rendre les empires durables, & que c'est sous la protection du Ciel qu'il faut les mettre pour en assurer la prospérité : sans ce solide fondement les empires les plus florissants ne sont que ce Colosse du Prophête, à la tête d'or, aux bras & à la poitrine d'argent, au corps d'airain, aux jambes de fer, mais aux pieds d'argile. Une petite pierre détachée par hasard de la montagne est venue le frapper dans ces bases fragiles ; l'immense Colosse est tombé : la fumée d'une paille légere n'est pas plutôt emportée par le vent.

Il est peut-être le seul Roi qui puisse se glofier devant Dieu, que dans la corruption universelle qui inonde l'Europe, sa sagesse seule en a préservé ses Etats. C'est le peuple choisi au milieu de la corruption de l'Egypte : & les voyageurs même peuvent nous rendre la justice que si on leur a peint la délicieuse Italie comme le séjour de la volupté, comme un ciel dangereux pour l'innocence, ils n'ont au moins respiré à Turin que l'air pur de la vertu. Je ferai hardiment, **M. F.** ma profession de foi au nom de toute la nation : nous voyons dans la marche de l'univers la main puissante qui lui donne le mouvement : après avoir admiré sa grandeur dans le vaste firmament, nous l'admirons encore dans l'ordre des sociétés, dans le sein de nos familles, & dans nous-mêmes : sa bonté en

nous

nous donnant l'être ne nous a pas projettés au hasard sur ce globe ; mais elle nous y suit à chaque instant. Il a daigné nous instruire de nos illustres destinées, & pour nous rapprocher encore plus de lui, il nous a communiqué les hommages & le culte que nous devons lui rendre. Voilà, M. F., une profession de foi qu'on peut faire sans honte dans ce seul Royaume. Car nous ne connoissons point cette sagesse orgueilleuse qui rougit du Symbole comme d'une foiblesse, qui ne voit que le hasard dans l'harmonie de l'univers, ou qui veut bien lui donner un maître, pourvu qu'il soit indolent & qu'il méprise ses ouvrages. Loin de nous cette sagesse, qui, en attaquant les pratiques & la croyance respectable de l'antiquité, ne s'appuie que sur des systêmes destructeurs ; & démolissant les édifices anciens, entasse ruines sur ruines, & laisse après le naufrage des malheureux sans asyle & sans port flotter tristement sur la vague. S'il est autour de nous des nations malheureuses où regnent le désordre & l'impiété, fermons nos portes & gardons nos frontieres, de peur que la contagion n'arrive jusqu'à nous ; ou plutôt que tout leur soit ouvert, puisque le monde n'est qu'une famille, & qu'ils sont nos freres. Qu'ils viennent, & qu'ils voient s'il y a moins d'ordre & de bonheur sous l'empire de la Religion que sous celui de leurs passions & de leurs folles pensées. C'est alors qu'ils s'uniront à nous pour rendre des graces immortelles au *Dieu* qui

nous

nous gouverne, & au fidele dépofitaire de fa puiffance fur la terre.

Ne nous abufons point, s'il regne parmi nous plus de religion, c'eft que notre Prince eft plus religieux, & les vertus de fon peuple font fon ouvrage. Pour nous Miniftres de l'E-vangile nous vous annonçons la parole de Dieu, nous vous parlons des vertus à ac-quérir, & les vertus ne s'acquierent pas : nous vous dénonçons les vices à corriger, & les vices reftent. Mais c'étoit Charles qui con-fommoit notre miniftere : cette parole qui n'eft qu'un fon dans notre bouche, devenoit tranchante entre fes mains comme le glaive de l'Apôtre. Ce n'étoit plus le zele impuiffant du miniftre, c'eft le feu qui confume : un de fes regards arrêtoit mille vices prêts à éclor-re, ranimoit mille vertus languiffantes, non-feulement dans les bornes refferrées de fa Cour, mais dans la vafte enceinte de fes Etats. L'exemple qu'accompagne la majefté du Trône, d'homme à homme, de cité en cité, de ville en ville, rend le Prince actif même où il n'eft pas. Il étoit comme préfent à toutes les familles & à toutes les perfon-nes, & chacun marchoit dans la voie des Loix & des commandemens par amour de l'ordre ou par la crainte de rencontrer le Prince fur fon paffage. *Et fecit omnes qui re-fidui erant in Ifrael, fervire Domino Deo fuo.* 2. Para. ch. 34. C'eft un point, M. F., fur lequel je vous demande à vous-mêmes votre témoignage. Avez-vous quelquefois entendu

tendu ces dogmes sacrés, dont tout chrétien ne parle que prosterné, devenir le sujet des conversations frivoles ? Quelqu'un parmi vous a-t-il lu ces écrits licencieux que l'impiété répand au loin, pour instruire du moins ceux qui ne peuvent entendre sa voix ? Enfin a-t-on jamais vu la terre s'élever contre le ciel, citer impérieusement à ses tribunaux le Maître du monde, & vomir contre lui ses arrêts blasphémateurs ? Jamais un tel spectacle n'a affligé vos regards, & l'impiété & ses œuvres ont trouvé dans le Roi la même vigilance que si l'ennemi eût été aux portes de nos Villes : & sous le regne du pieux Josias personne n'est sorti de Jérusalem pour aller consulter les faux Prophêtes , ou sacrifier aux faux Dieux. *Cunctis diebus ejus nec recesserunt à Domino Deo patrum suorum.*

Pour nous consacrés au culte de l'autel, nous lui devons plus particuliérement ce que nous sommes ; tel que le Saint Roi Ezéchias, il veilloit sur le sanctuaire, il rappelloit à la tribu Sainte sa vocation, & l'avertissoit d'offrir un encens pur au Seigneur, & d'acquitter envers le peuple ce qu'il étoit en droit d'attendre d'elle : sçavoir, l'instruction & l'exemple plus puissant encore ; *audite ea, Leviti, & sanctificamini.* Aussi honorez-nous, M. F., & rendez-nous le juste témoignage que les Pasteurs ont toujours été à leurs troupeaux, les Pontifes à leurs églises, & rarement dans les palais des grands. Dites-nous si l'abomination dont parle le Prophête, s'est renouvellée

dans

dans le lieu faint ; & fi jamais l'on a vu les jeunes Lévites attendre dans les voies corrompues de Madian l'âge de l'ambition & des honneurs, & les vieux Pontifes aller fléchir le genou devant l'idole que Nabuchodonofor a élevée dans fon palais ?

Le Roi ne fut zélateur de la Loi , que parce qu'il en étoit lui-même rigide obfervateur , & la Religion étoit pour lui comme pour fes fujets. Pardonnez-moi , M. F. , de revenir encore fur la même idée , mais elle eft trop affligeante pour ne pas vous en parler. La Philofophie que je n'ai appellé qu'infenfée , quand elle rompt toute communication entre la Terre & le Ciel , je l'appelle actuellement barbare , quand elle relegue la Religion parmi le peuple comme la reffource des ames foibles & groffieres. La fageffe humaine ne travaille pas pour le bonheur du monde , mais bien pour les tyrans. S'il faut un frein pour fecouer le joug , n'en faut-il pas un pour ne pas l'aggraver ? Les tyrans ne laifferoient donc prêcher notre Doctrine facrée, que parce qu'elle prêche l'obéiffance due aux Princes , & leur donne par-là un moyen de plus de nous opprimer. Pour Charles il ne protégeoit que fa propre foi, & il fut lui-même fidele adorateur fans préjugés , fans foibleffe. Il eût fans doute dépofé fur l'autel fa Couronne comme une offrande au Roi des Rois : mais fi Dieu a mis les clefs du Ciel entre les mains de fes Pontifes, il s'eft réfervé le droit de tranfporter les couronnes & de bri-

C

fer

fer les fceptres. Auffi Charles foumis & refpectueux envers le fucceffeur de S. Pierre, comme
chef de l'Eglife & centre de l'unité, lui réfifta-t-
il comme Prince du Siécle pour ne pas dégrader
les droits légitimes de fon Trône. Egalement
éloigné de l'impiété qui brife les autels, &
de l'indolence qui néglige leur culte, & de
la fuperftition qui fe profterne devant eux
pour n'adorer que fes phantômes ; il n'é-
toit pas non plus de ces lâches qui, je l'a-
voue, tout auffi refpectueufement que les
juftes, courbent leurs corps devant l'arche du
Seigneur ; mais dont le cœur abfent va fecré-
tement facrifier aux idoles. Ils ont la foi,
mais cette foi qui n'ôte ni un vice, ni une feule
paffion, ils veulent bien la retenir, mais comme l'efpérance de l'avenir & la reffource de
la vieilleffe ; parce qu'alors ils appelleront les
Prêtres du Seigneur pour venir leur parler
feulement de la grandeur de fes miféricordes
& de fes récompenfes. Charles étoit trop ma-
gnanime pour réferver à fon Maître les reftes
d'un cœur ufé & les hommages de la décrépi-
tude : nous n'avons dans fa vie aucun tems
de défordre, aucun moment de licence à ex-
cufer. Même dans fes premieres années où il
fe préparoit au Trône, il parut digne d'y
monter, & fon adoption prématurée fera le
feul éloge que nous ferons de fa jeuneffe.

Vous ne vous attendez pas, M. F., qu'a-
près cette vie laborieufe & chrétienne, nous
ayons à vous parler de fa mort autrement que

par

par nos regrets. Ce n'eſt pas ſur Jéruſalem qu'il faut verſer des larmes, mais bien ſur nous-mêmes. Vous ſentez que ſa fin n'eſt pas celle des vieux pécheurs dont je vous entretenois tout-à-l'heure, qui ayant à expier une vie longue & criminelle par une courte pénitence, multiplient les pratiques, accumulent les ſecours de l'Egliſe, & comme s'ils ſe ſentoient déjà tomber dans l'abyme, pouſſent à grands cris de longs gémiſſemens. A l'exemple de l'impie Antiochus, ils promettent un temple au Seigneur, comme ſi le Seigneur avoit beſoin de leur temple : & généreux au moment de tout perdre, ils lui donneroient leur empire & l'univers entier, comme ſi leur empire & l'univers entier, n'avoient pas de tout tems été à lui. Mais pour Charles voyez un autre ſpectacle ; c'eſt le modele des vrais Chrétiens. Averti de ſa fin comme les juſtes le ſont dès leur naiſſance, depuis long·tems il étoit tous les jours prêt. Le moment fatal pour nous étant arrivé, il appella le Seigneur à ſon ſecours, & le Seigneur vint le viſiter & le fortifier. Les Miniſtres de l'autel tranquilles ſur ſon ſort furent les paiſibles témoins de ſon ſommeil, & il entra doucement dans la mort.

C'eſt maintenant que deſcendu dans le tombeau ; dépoſſédé du Trône & hors des fonctions de la Royauté, le Miniſtre de l'Evangile vient ſuppléer ſa voix éteinte, & vous demander pour lui votre témoignage, comme autrefois Samuel à la fin de ſa carriere diſoit au peuple d'Iſraël de l'accuſer devant

le Seigneur fur fon adminiftration. O vous tous
qui avez vécu fous fon empire , venez donc
dépofer dans cette enquête folemnelle. J'en-
tends déjà , M. F. , du milieu de fon palais
& de fa cour les murmures d'une foule de
courtifans qui viennent l'accufer , que leur
affiduité fut toujours inftructueufe ; que , comme s'ils n'euffent point fait une claffe diftin-
guée , les graces les plus légeres étoient encore
pour eux mifes dans la balance , que fon ame
auftere & infenfible , plus jaloufe d'infpirer la
crainte que l'amour , répandoit fur toute fa cour
les voiles d'une fombre trifteffe. Grand Prince !
qu'il me foit permis d'évoquer aujourd'hui
votre ombre , comme autrefois le fut celle de
Samuël , pour m'apprendre ce qu'il faut leur
répondre. *Vocavi ergo te , ut oftenderes mihi
quid faciam.* 1. Reg. ch. 28. Ah ! fa voix nous
crie du fond de fon tombeau qu'il n'a jamais
accordé de graces, parce qu'il n'en a jamais eu
en fon pouvoir ; que tout eft juftice fous les
Rois juftes , fi tout eft grace fous les tyrans ;
qu'il n'a jamais enrichi ou décoré l'inutile cour-
tifan , dont le feul mérite étoit de vieillir fous
fes yeux ; que fa cour étoit fombre parce que
les mœurs & l'innocence n'offrent que de
trifles plaifirs au fiecle corrompu , que fon
vifage févere infpiroit la terreur aux brigues
indifcretes , aux demandes importunes ; mais
la confiance aux follicitations juftes & con-
venables. Voilà , voilà donc , M. F. , cette
infenfible auftérité. Appellons - la plutôt du
nom augufte qui lui convient : c'eft l'amour

fort ,

fort, l'amour inébranlable de la juftice par qui feul les grands Rois font, & fans lequel on peut gagner des batailles, faire des Loix & des réglemens, avoir des momens de bienfaifance & d'humanité, & toutefois être un oppreffeur. Car pour les victoires, quand le hafard même ne les donneroit pas, la guerre dans fes plus grands fuccès n'eft qu'un état violent, dont les meilleurs Rois ne font qu'adoucir les rigueurs. Les conquérans font les fleaux du monde, leur gloire eft pour la poftérité & la mifere pour leur fiecle. L'hiftoire ne nous offre que des états ruinés par les conquêtes & la gloire de leurs propres maîtres : quant aux Loix, tous les pays n'en ont que trop & d'affez bonnes : Claude n'en fit-il pas d'équitables ; mais que font-elles fans le courage qui les fait obferver, ou plutôt fans les mœurs qui les rendent inutiles ? Enfin pour ces inftans de vertu qu'on ne nous en parle pas, nous ne connoiffons que les vertus fortes & puiffamment actives, les Rois méchans & les Rois foibles font également des tyrans : les uns font les maux du peuple, les autres les laiffent faire. Oui, Meffieurs, les talens & les vertus ne font rien que par la force & l'énergie de l'ame : c'eft-là le dernier trait qui nous peint celle de Charles ; c'eft le centre où toutes les vertus éparfes dans ce difcours viendront prendre & leur caractere & leurs formes. C'eft ce qui avoit comme élevé au milieu de la nation un tribunal fuprême dont relevoient tous les autres : où les coupa-

C 3 bles

bles les plus illuſtres étoient jugés , d'où tous
les dépoſitaires de la puiſſance étoient obſer-
vés dans leurs fonctions , parce que l'autori-
té ne leur étoit que confiée , ſans être jamais
aliénée & qu'on faiſoit redouter les emplois
& les dignités à ceux qui n'étoient pas capa-
bles de les remplir.

O précieuſe ſévérité ſans laquelle nous ne
le louerions pas aujourd'hui ; parce qu'autrement , l'idole de ſa cour, verſant ſes graces ſur
tout ce qui l'environne , marquant ſi l'on veut
tous les jours de ſon regne par quelque nouveau bienfait, il eût été Roi de ſes courtiſans,
mais il n'eût pas été le nôtre. C'étoit dans ſon
ame qu'étoit la baſe de notre amour pour lui:
de cet amour du peuple pour ſon Prince,
qui n'eſt que trop ſouvent ailleurs le tranſport
des premieres eſpérances que la flatterie veut
encore faire valoir quand tout eſt évanoui.
Comment du fond d'un empire s'enthouſiaſ-
mer pour un inconnu que les dépoſitaires de
ſon pouvoir ne rendent que trop ſouvent
odieux ? Ah ! cet amour dans toute ſa vi-
gueur eſt réſervé à nos climats. Il vous ſuffi-
roit ſans doute que ſon ame eût été remplie
de ces grands, de ces généreux mouvemens
d'une humanité univerſelle ; mais j'aime à vous
apprendre qu'elle étoit encore ouverte à la
ſenſibilité domeſtique , & qu'elle avoit beſoin
de ces doux ſentimens de confiance , d'atten-
driſſement & de larmes. J'en atteſte ſes fidéles amis ; oui ſes amis : jamais ce mot ne fût
plus convenable ; car un cœur ferme & généreux

néreux n'en fait que de sincéres, pendant que la foiblesse & la prodigalité ne font que des ingrats. J'en appelle à témoins ses illustres compagnes dans les nœuds légitimes, que la mort vint dissoudre plusieurs fois, & que plusieurs fois le respect pour les mœurs fit renouer.

Achevons, M. F., ce jugement solemnel que nous avons commencé. Les Egyptiens faisoient ainsi le procès à leurs Rois, & leur refusoient souvent la sépulture. Puisque le nôtre n'a pas voulu couvrir quelques favoris des dépouilles de la multitude, puisqu'il a préféré les bénédictions de son peuple aux folles adorations de sa cour; que cette cour & ses courtisans lui refusent, s'ils veulent, les derniers honneurs, & nous abandonnent le soin de ses funérailles. Chez les anciens, c'étoit l'ami le plus cher qui fermoit les yeux ou mettoit le feu au bûcher : c'est donc à nous, c'est au peuple que cet honneur appartient. Allons; & puisque ces lieux ont l'honneur d'être le berceau de sa maison, sortons de nos montagnes, descendons à la Capitale pour aller chercher les cendres du vénérable Jacob & les réunir à celles de ses peres. Au lieu de la pompe royale, de la magnificence des chars funébres, du cortége brillant de ses courtisans, si inconsolables aux légeres indispositions de leurs maîtres, & sitôt consolés à leur mort, nous verrons une foule plus auguste, & des sentimens plus vrais; nous verrons cette Noblesse, non la Nouvelle plus illustrée, fiere de ses richesses & de ses dignités;

dignités, mais l'Antique plus illuftre, fiere de fon honneur & de fa pauvreté, qui accompagnera les cendres de fon Chef; nous verrons encore fe réunir à elle les guerriers, non ces héros des cours qui fans victoire & fans lauriers obtiennent cependant les honneurs ou plutôt l'ignominie du triomphe, mais ces braves & généreux guerriers dont il fut le protecteur & le modele, & que les juftes récompenfes alloient fûrement chercher fur les frontieres, fans qu'ils vinffent s'avilir à les folliciter. Marcheront auffi confondus dans la foule, ces fages dépofitaires du pouvoir, ces fidéles Miniftres qui n'ayant point perdu dans la brigue & la baffeffe, pour obtenir les places, un temps déjà trop court pour fe rendre dignes de les occuper, étoient appellés des extrémités de fon royaume, comme du milieu de fa cour, pour marcher aux dignités à travers cette foule d'ambitieux fans titres ni vocation, qu'on a dans tous les tems comparés aux reptiles immondes, parce que rempans autour de leurs appuis, fouvent autour de leurs rivaux, & vénimeux toujours pour les uns & les autres, c'eft ainfi qu'ils fe traînent au faîte des grandeurs. S'emprefferont fur-tout dans ces derniers devoirs, ceux qui fous la protection du Prince ont fait fleurir les arts & les fciences, ces vrais fçavans, qui pour illuftrer nos académies ont trouvé affez vafte le champ des connoiffances humaines, fans avoir befoin d'attaquer les mœurs ou la religion. Ces vrais génies qui ont toujours dédaigné une gloire

dont

dont un chrétien eût eu à rougir, vont défor-
mais par une juste reconnoissance consacrer
leurs talens à faire passer à la postérité la gloire de Charles, & proposer un modele aux
Rois de tous les siecles, à ceux du moins qui
seront dignes de l'être, & *qu'il consolera du mal-
heur d'être nés souverains.* Pour nous, M. F.,
pour la Tribu sainte, elle y sera toute entiere,
nous le pleurerons non-seulement comme notre
Roi, mais encore comme un de nous, comme un de nos pontifes : car qui jamais, par sa
vigilance & son zele pour le saint Culte, a
mieux mérité ce titre auguste d'*Evêque extérieur,*
que les Peres de Nicée donnerent à Constantin ?

Mais arrivons au plus bel ornement de ce
cortege funebre : ce seront les laboureurs, les
artisans décorés des instrumens honorables de
leurs professions ; ce seront les veuves, les
orphelins & les pauvres ; les malades senti-
ront plus vivement ce jour là tous leurs maux ;
ceux qui ne pourront nous suivre du moins
lui adresseront leurs vœux ; & du fond même
des prisons il sortira des soupirs. Aux cris,
aux pleurs, aux chants funebres de cette foule
vénérable, les uns mêleront l'histoire plain-
tive de leurs regrets & de leur reconnoissance, d'autres célébreront la vertu particulière
qui l'a le plus rapproché d'eux. Les guerriers
loueront le courage, les pauvres l'affable cha-
rité, les Pontifes sa piété, & tous ensemble
sa bienfaisance & sa justice.

Les voyageurs & les étrangers qui nous ren-
contreront sur leur passage verront bien alors
que

que ce deuil eſt le deuil univerſel, que cette affliction eſt l'affliction profonde de l'Egypte, *Planctus magnus eſt iſte Ægyptiis.* Quel ſpectacle plus touchant pour les hommes qui parcourent l'univers pour s'inſtruire ! Eux qui peut-être admis, non à la vaine cérémonie de le voir, mais à l'honneur de lui parler : & qui interrogés ſur leurs uſages ont été inſtruits ſur les ſiens par lui-même, non en maître abſolu, mais en pere, en économe de ſon peuple ; de retour dans leurs contrées ils raconteront ce qu'ils ont vu, les honneurs funebres, inconnus juſqu'ici, que nous rendons à nos Rois, & la apprendront aux leurs à en mériter de pareils.

Enfin arrivés dans ces lieux, chargés du dépôt reſpectable, il en deviendra l'ornement, & ſans être averti par des inſcriptions pompeuſes & de ſuperbes monumens, nos cœurs nous meneront toujours où ſes cendres repoſent ; les Peres y conduiront leurs enfants, & leur parleront de ces temps heureux, & les enfans envieront le bonheur de leurs peres, ils iront y bénir dans leur félicité, y gémir dans leurs maux, le prier de jetter quelquefois un regard de ces demeures céleſtes : car ſi nous diſons, c'eſt là où repoſent ſes cendres, ſes dépouilles humaines, nous dirons encore c'eſt là haut où regne à jamais ſon ame immortelle ; & ſi le ciel ſouffre violence, ſuivant l'expreſſion du Sauveur, l'Eternel rejette-t-il un Prince porté par les vœux & les ſoupirs de ſon peuple ? A ces vœux, à ces ſoupirs les portes éternelles du ciel tombent plus promptement que ne firent

-tirent autrefois les murs de Jéricho aux cris de l'armée d'Ifraël. Suivons-le en efprit dans la Jérufalem célefte. Tous les juftes de tous les fiécles & de tous les mondes s'y réjouiffent de leur nouvelle conquête ; & la légion immortelle que le ciel a levée dans ces climats va le porter en triomphe aux pieds de l'Eternel. Victor fon Pere, Victor qui maintenant fans paffions, voit la vérité fans nuages & fans voile, va le recevoir dans fon fein : venez, ô mon fils, vous qui comme les enfans refpectueux de Noé, avez caché les foibleffes de votre Pere, recevez les mêmes bénédictions. Votre poftérité s'étendra fur la terre, elle couvrira de vaftes contrées, & les Princes les plus puiffans rechercheront fon alliance. Mais puifque préférant encore ma gloire à la vaine crainte des jugemens téméraires des hommes, vous avez attendu toute confolation du ciel, jouiffez maintenant d'une gloire ineffable dans cette Cité fainte, où tous les fieges font des Trônes, & où tous les juftes font des Rois.